# A PROPOS

## DES

# MANUFACTURES NATIONALES

## DE CÉRAMIQUE ET DE TAPISSERIE

# BRACQUEMOND

---

# A PROPOS

### DES

# MANUFACTURES NATIONALES

## DE CÉRAMIQUE ET DE TAPISSERIE

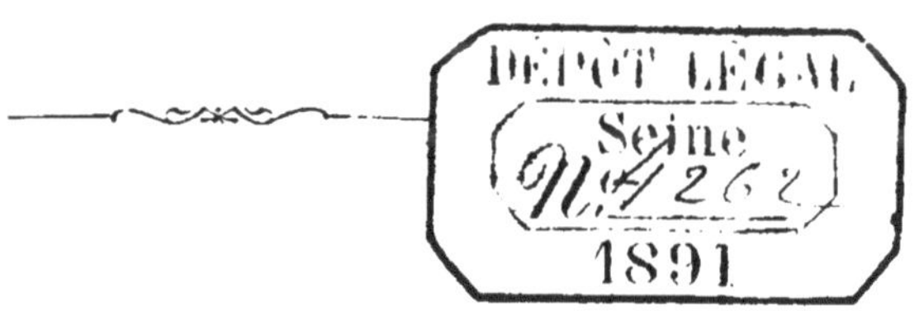



# PARIS

## TYPOGRAPHIE CHAMEROT ET RENOUARD

#### 19, RUE DES SAINTS-PÈRES, 19

---

1891

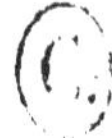

# A PROPOS

## DES

# MANUFACTURES NATIONALES

## DE CÉRAMIQUE ET DE TAPISSERIE

———

## L'ENSEIGNEMENT DU DESSIN

Ces quelques pages ont pour objet principal l'examen de la situation actuelle des manufactures nationales. Mais cet examen ne peut apparaître que sous forme de conclusion. Tout le monde est à peu près d'accord pour constater la décadence et l'inertie artistiques des établissements historiques protégés et subventionnés par l'État. Il y a des causes à cette décadence et à cette inertie, — et il y a peut-être aussi des remèdes. Je voudrais essayer de reconnaître ces causes et d'indiquer ces remèdes. Et c'est ici que se présente la nécessité des deux divisions de ce travail où je ne cherche que de la brièveté et de la clarté, — des constatations et des déductions.

La vérité qui apparaît et qui domine tout, c'est que la question des manufactures ne peut être envisagée qu'après la question de l'enseignement du dessin. La première dépend de la seconde, ou plutôt elle en fait étroitement partie, les deux questions n'en font qu'une et, forcément, il faut les délaisser toutes les deux, ou les résoudre à la fois. Il faut donc écrire ici ces deux lignes qui ont force d'axiome: *Les manufactures sont en mauvais état parce que l'enseignement du dessin est mauvais.*

Les raisons d'une telle situation sont nombreuses.

I

En première ligne, il y a l'abandon, par les artistes proprement dits, de la direction effective des applications ornementales au matériel du mobilier, de luxe ou d'usage.

Cet abandon résulte des tendances et de l'enseignement de l'École des beaux-arts. Tendance vers le Style des figures. Enseignement uniquement voué à la Beauté. Je ne cherche à définir ni ce Style ni cette Beauté. Je ne discute pas, et je passe. L'important est de voir qu'un tel enseignement est uniquement concentré sur la con-

ception et l'exécution du tableau et de la
statue, pour les peintres et pour les sculpteurs, — et, pour les architectes, sur les
combinaisons d'art d'un monument de la
Grèce antique. Il s'ensuit que tous les
élèves de l'École des beaux-arts s'en vont
vers le tableau, vers la statue et vers l'imitation de la bâtisse grecque, — et que les
artistes se trouvent aussi étrangers aux
choses usuelles que les artisans spéciaux
sont étrangers aux Arts.

Toutes ces ignorances parallèles et réci-
proques, depuis l'ignorance du membre
d'Académie jusqu'à l'ignorance du dernier
des refusés, jusqu'à l'ignorance de l'artisan, n'ont rien qui doive étonner. Le tableau et la statue, c'est ce qui domine tout.
On ne sort pas de là. On croit qu'il n'y a
d'art que là.

Le dédain académique pour les applications des Arts aux choses industrielles n'est

du reste un mystère pour personne. Il s'est manifesté impérieusement, en 1863, lorsque Ingres, répondant au maréchal Vaillant, ministre des beaux-arts, disait : « L'industrie ! nous n'en voulons pas ! » Depuis, les rapports se sont adoucis, — le fond des choses est resté le même. Ceci, encore une fois, n'est qu'une constatation qui parle d'elle-même, sans approbation ni blâme.

En effet, l'École des beaux-arts annonce qu'elle enseigne la peinture, la sculpture, l'architecture... Elle justifie pleinement ce qu'elle avance. Peut-on lui demander plus? et surtout peut-on lui demander autre chose?

Impartialement, on peut répondre : Un bon élève de l'École des beaux-arts (un bon, pas un mauvais) est préparé à souhait pour tous les travaux basés sur le Dessin. Néanmoins, s'il veut se vouer à l'ornementation des choses usuelles, il devra nécessairement ajouter à son instruction académique, l'étude, et il faut même dire l'apprentissage, d'une spécialité. Toutes les spécialités, d'ailleurs, lui sont facilement accessibles. Et si, en apparence, il déroge en s'appliquant à des travaux considérés comme inférieurs, qu'il sache bien que, par les qualités d'art données à ces travaux, il pourra être un artiste absolument supérieur. Les seules entraves qu'il pourra rencontrer dans sa détermination de changement professionnel, lui viendront de considérations morales, de préjugés acquis avec l'éducation reçue.

## II

L'État, malgré la sollicitude évidente
qu'il accorde à toutes les manifestations artistiques, n'obtient aucun résultat appré-
ciable, favorable au sujet qui nous occupe.
A cela encore, plusieurs raisons.

L'État ne dédaigne pas l'Industrie. Au
contraire, il voudrait l'étendre, la favoriser
de tout son pouvoir. Pour lui, les Arts dans
leur ensemble comprennent les œuvres
d'art pur et leurs applications aux choses
industrielles. Pour lui, les unes et les autres
sont des produits nationaux. Pourtant, en
les confondant ainsi, il laisse persister une

distinction entre elles, il les considère sous
deux points de vue, l'un glorieux, l'autre
utile. Il n'admet tout que parce qu'il ne
veut rien perdre.

La même opinion qui règne à l'École des
beaux-arts se retrouve donc en fait ici,
sous une autre forme. C'est que l'État est
sous la tutelle artistique de l'Académie.
L'Académie est son guide principal dans la
région artistique, et si, aujourd'hui, l'École
des beaux-arts supporte, non chez elle,
mais théoriquement et au dehors, l'idée
d'art industriel, elle n'a rien fait d'effectif
pour aider à la réalisation de cette idée.

Tout en consultant l'Académie des beaux-
arts, l'État n'ignore pas ses tendances et
sait qu'il n'a pas à trouver chez elle un
appui pour les industries artistiques. Aussi
a-t-il voulu fonder un enseignement spécial
du dessin, dans le but d'exciter et de transformer progressivement l'industrie.

Comment a-t-il procédé?

Il a d'abord voulu assurer le recrutement des professeurs, former le corps enseignant.

Il n'oublia qu'un point, qui était le point important.

Il oublia d'établir la méthode spéciale de cet enseignement, différente de la méthode suivie par les artistes proprement dits. Méthode différente, non de principes, mais d'applications. Ensemble de programmes spéciaux plus encore que méthode spéciale. Oui, programmes appropriés aux exigences que le dessin doit industriellement satisfaire. Au lieu de cela, ce sont les mêmes matières premières d'art, les mêmes modèles, c'est-à-dire les mêmes catégories d'exemples, qui sont enseignés, commentés partout de la même façon, depuis l'École primaire jusqu'à l'École des beaux-arts, les professeurs étant, du reste, en grande

partie fournis par l'École. La quantité seule
de dessin distribué, si on peut dire, est
différente. L'enfant, dans les écoles pri-
maires, en prend pour deux sous, — me
permet-on cette image? — et l'élève à
l'École en prend pour mille francs, et
même, si on veut, pour cent mille francs.
Mais tous les programmes, rigoureusement
examinés, sont les mêmes, tendent aux
mêmes résultats. Ne lit-on pas dans les
plans d'études des lycées et collèges : *Un
peu de paysage, — si le temps le permet!*
Les voit-on, les résultats? Des peintres,
des peintres, toujours des peintres!

III

Le changement de nom de l'*École de dessin et de mathématiques,* fondée par Bachelier en 1763 pour l'instruction des « Artisans » en ce nom d'*École nationale des Arts décoratifs*, est l'exemple frappant de la confusion des idées régissant l'enseignement du dessin. Cette École, dès sa fondation vouée au service de l'industrie, est simplement considérée aujourd'hui, — cela a été formellement demandé, et les programmes justifient une telle demande, — comme la préparation à l'École des beaux-arts.

Cette nouvelle rubrique suppose un art à part, un principe spécial et différent, là où on ne doit reconnaître que des *applications* d'un principe unique, le DESSIN.

Simple illusion d'amateur, mais énorme! N'est-ce pas particulièrement en matière d'enseignement que la clarté des termes doit être rigoureusement exigée? Cependant la nouvelle dénomination, inscrite sur des établissements entretenus par l'État, n'a même pas pour elle la clarté que donnent à leurs enseignes les maîtres de pensions particulières, lorsqu'ils promettent d'apprendre des *Arts d'agrément*. Ce titre, au moins, vous prévient sans détour que vous n'apprendrez que des choses qui pourront vous distraire, mais que nulle part vous n'appliquerez utilement.

Où est donc la limite entre l'art décoratif et l'art qui n'est pas décoratif? Et d'abord, quels sont ces deux arts? Pourquoi deux arts? Cette expression d' « art décoratif » ne signifie rien. C'est « art ornemental » qu'il faut penser et dire. L'artiste qui produit un objet n'a pas à se préoccuper de créer un objet décoratif, il doit songer à orner la matière. La matière ornée comme elle doit l'être sera forcément décorative. Les choses ne seront décoratives que si elles sont faites d'une certaine manière, que si on a su trouver en elles la beauté logique, savante, naturelle, qui leur est propre. Un plat, un meuble, vont-ils devenir décoratifs par le seul fait qu'un paysage aura été peint sur le plat, que des fleurs auront été sculptées dans le meuble? Mais rien n'est plus facile à faire qu'un mauvais paysage! Et je crains bien que l'École des arts décoratifs ne prépare, en fin de compte, que des paysagistes médiocres.

IV

Comme l'État, dans le même but d'aide
à l'Industrie, la Ville de Paris entretient des
écoles de dessin.

Le système d'enseignement adopté par
la Ville est double. Il est dit « enseignement
professionnel ». Il consiste à apprendre
simultanément le dessin et un métier. Éducation esthétique et apprentissage d'un état
manuel.

Je ne crois pas à la possibilité de ce pa-
rallélisme, et j'indiquerai ici les deux prin-
cipaux motifs de ma négation.

1° Le temps consacré aux études de dessin est très court pour la généralité des apprentis artisans. Pendant ce temps, ils doivent acquérir la plus grande somme de dessin possible, par les méthodes d'enseignement les mieux définies, les moins chargées de matières encombrantes pour des esprits trop jeunes, et facilitant le plus possible l'exercice de la main. Tout le temps retiré à cette étude est du temps perdu pour le métier, métier que l'apprenti devra réapprendre à nouveau lorsqu'il ne quittera plus l'atelier réel de travail.

2° La seconde des raisons que je peux indiquer est d'ordre général, et je l'ai déjà abordée plus haut. Elle se rapporte aux programmes des études de dessin, programmes sensiblement les mêmes, quoique avec quelques changements de textes, que les programmes des écoles de l'État. Les intentions de l'enseignement de la Ville de Paris sont excellentes, l'application est mauvaise. Il ne faut pas faire sortir les apprentis de leurs ateliers pour tout ce qui concerne leur métier. Qu'un certain temps de la journée soit consacré au dessin dans une école dont le programme serait très défini, et le but sera atteint. Ce sont des conditions d'instructions nouvelles à réaliser. C'est une entente à régler avec des patrons réels d'industrie. Il faut renoncer à créer, ainsi qu'on l'a fait partout, des patrons-professeurs-amateurs, amalgamés d'art et d'industrie, mais, hélas! trop rarement en état de se suffire à eux-mêmes en art et en ndustrie.

Tous les meilleurs désirs n'y font rien. En créant l'école-atelier, la Ville de Paris a montré de louables préoccupations, mais a obéi à une fausse idée démocratique. Il ne suffit pas de vouloir un ordre nouveau, il faut le préparer pratiquement pour l'établir d'une façon durable. On a cru que les jeunes gens ainsi chambrés sauraient l'art et sauraient le métier en sortant de l'école-atelier. Il se trouve qu'ils ne savent ni l'un ni l'autre. La cause, c'est la trop petite quantité de dessin qu'ils peuvent ainsi s'assimiler. Le demi-métier qu'ils apprennent dérange les notions de dessin qui leur apparaissent çà et là vaguement visibles. Le dessin infinitésimal qu'ils acquièrent paralyse leur compréhension et leur pratique du métier. Dans ces ateliers, qui ne sont que des façades d'ateliers, ils n'exécutent que des semblants de choses. Mieux vaut qu'ils exécutent de vraies choses dans de vrais ateliers. Le dessin, l'abécédaire du dessin, c'est à partir du moment où l'on apprend à écrire, et de la même façon qu'on apprend à écrire, qu'il faut l'apprendre. C'est ici que le programme est important, autrement important que le professeur. A quoi bon, en ces matières, le dessin de l'École des beaux-arts, à quoi bon les procédés pour fabriquer des tableaux et des statues? Qu'on me démontre donc comment l'anatomie et la bosse peuvent servir au dentellier et au décorateur de céramique!

## V

Dessiner, dessiner, dessiner sans cesse, dessiner rapidement! Il faut semer le dessin, le lancer à tous les vents. Il fructifiera dans les cervelles, entre les doigts les moins prévus. Mais en agissant ainsi, il faut bien se garder, sous peine de désastre, de fausser l'intelligence des élèves par des habitudes théoriques et pratiques qui feraient fatalement des dévoyés de ceux qui en recevraient les empreintes.

Certes, le dessin est *un*, mais, pas plus que le langage, il n'est enfermé dans la spécialité d'une forme. Il comprend et résume toutes les formes.

Certes, encore, on ne peut concevoir la fonction des Arts limitée au rôle de moteur industriel. Mais en considérant les Arts comme les auxiliaires des Industries, on se place dans l'obligation de discerner exactement les rapports particuliers qu'ils ont avec chacune d'elles et, par suite, de discerner aussi les nuances différenciant entre eux tous les *dessins industriels*.

Les applications professionnelles du dessin sont tellement *diverses* et *inverses* qu'un dessin particulier semble pratiqué par les différents métiers, selon que ces métiers construisent ou imitent, les uns dérivant de l'architecture, les autres de la sculpture et de la peinture.

Tous les artisans **dessinent**, mais chacun d'eux applique différemment, par le fait de son outil, un élément différent du dessin. Ainsi, la même fleur reproduite par un peintre, sans épithète, par un peintre décorateur, par un décorateur de porcelaine, par un ferronnier, par un sculpteur sur bois, par tous les pastilleurs, par tous les dessinateurs pour étoffes, étoffes brochées, imprimées, dentelles, guipures, par tous les brodeurs, cette même fleur est différente, sortant des mains qui se servent de tant d'outils divers. La fleur du joaillier ne ressemble pas à la fleur de l'orfèvre!

Pourtant, les mêmes lois de proportion et, pour quelques-uns de ces dessinateurs, les mêmes lois de lumière, ont été dirigeantes dans l'imitation de l'original et dans l'exécution de l'œuvre.

Mais le métier, mais l'outil, modifient, changent parfois complètement toutes les applications du dessin. Un exemple singulier de la diversité des applications est fourni par les pratiques spéciales au graveur sur bois et au ciseleur, tous deux accomplissant des travaux identiques aux travaux des peintres et des sculpteurs, travaux ayant en quelque sorte la valeur d'une collaboration, car ils sont la reproduction des travaux du peintre, la continuation des travaux du sculpteur. Et il se trouve que, par la nature de leur métier, ni le graveur sur bois ni le ciseleur ne sont astreints à dessiner effectivement. Il en est, parmi eux, et des habiles, qui jamais n'ont touché à un crayon, à une boulette de terre à modeler.

Il y a donc des cas où une théorie bien établie serait préférable à une pratique banale. Il faut donc spécialiser, sous peine de voir la confusion, l'anarchie, apportées dans un savoir dont la mission est tout autant la régularisation, la mise en ordre des idées professionnelles, que leur alimentation par une matière supérieure.

Cette spécialisation doit être acquise dans les écoles de dessin, auxiliaires des industries, par le sommaire des cours professés, par les programmes basés uniquement sur les nécessités industrielles après vérification rigoureuse des matières, des éléments de dessin pouvant être impunément enseignés à tous. Ces éléments, voilà l'essentiel. L'éducation de l'œil et le dressage de la main, il ne faut pas, tout d'abord, avoir d'autres visées. Ceci acquis, l'élève s'en ira vers un métier ou à l'École des beaux-arts. C'est ainsi qu'on parera aux besoins de travail et d'art qui apparaissent de plus en plus impératifs, mais qui sont proclamés plus que formulés, et qu'on pense naïvement satisfaire par la pâture académique que je crois bien plus néfaste que réconfortante.

Et comment ces besoins pourraient-ils être clairement formulés, aujourd'hui que les chefs des grandes industries sont bien plus banquiers qu'artistes-ouvriers ! Combien d'entre eux pourraient exécuter ce qu'ils vendent? On peut croire à leur bonne volonté, mais le fait certain est qu'ils ne peuvent émettre que de vagues aspirations et qu'ils sont impuissants à dire : « Je veux qu'on fasse ainsi, » en appuyant leur volonté par l'exemple de leur main. Lequel de vous est Boule, Germain, Gouthière?... Ne parlez pas tous à la fois. Qu'on me passe cette parodie d'un vers de Banville.

## VI

Dans toutes ces écoles auxiliaires des industries, où le dessin n'est pas le but principal, tel qu'il l'est pour les artistes proprement dits, mais où il est enseigné comme moyen accessoire des métiers, le crayonnage achevé des peintres doit être banni. Ce qu'on attend d'un artisan n'est pas ce dessin achevé, mais la compréhension du dessin qu'il doit concevoir et exécuter avec la vue spéciale et les moyens spéciaux inhérents à son métier.

Cet apprentissage d'art d'un artisan ne comportera que l'exercice des yeux, de la

main et de la mémoire. Il est inutile de dé-
passer la construction d'un dessin. Le
modelé de surplus sera donné par la matière employée. Là, à l'école, les croquis
solidement établis suffiront, mais il faut
en exécuter le plus grand nombre possible
et toujours répéter de souvenir le dessin
copié sur le modèle. Le dessin pratique, —
de mémoire, — est le véritable agent de
liberté d'action, la seule marque évidente de
la prise de possession des choses, le moyen
permanent de trouver des combinaisons
nouvelles par les combinaisons apprises.

Quant au matériel des exemples à suivre,
c'est celui qui est prodiguement offert par
toute la nature, mais que tous ces exemples
soient toujours rigoureusement entrevus
sous l'optique spéciale de l'ornement. La
souplesse, les combinaisons des lignes, des
masses, le contraste des proportions dans
les formes, l'opposition des intensités lu-

mineuses, — valeurs et couleurs, — sont
des thèmes que les professeurs eux-mêmes
auront à étudier. Ces exercices patiemment
répétés formeront seuls l'intelligence de
l'élève, lui donneront l'habileté et le dis-
cernement.

Pour atteindre ce but, l'enseignement
doit être impersonnel. J'entends par là
qu'il faut rejeter toute tendance physiono-
mique de style préconçu, tout genre déterminé, toute manière propre à une école, à
une personnalité. Et il ne faut pas s'arrêter
là. Si l'abandon des méthodes d'enseignement tendant à ne donner, de fait, qu'une
unique direction à tous les étudiants du dessin, quel que soit le désir particulier, l'entraînement de chacun, si cet abandon des
écoles et des personnalités actuelles s'im-
pose, il n'est pas moins important de nous dé-
barrasser aussi des contrefaçons du passé.

Je ne veux pas dire qu'on doive dédaigner et rejeter les magnifiques et précieux exemples que les temps disparus nous ont légués. Bien au contraire, nous devons nous en servir, et même les employer presque uniquement avant d'aborder l'étude de la nature, dont ces œuvres anciennes, éprouvées par la durée, sont des commentaires infiniment éloquents. Mais pour assurer l'*impersonnalité* de l'enseignement, cette impersonnalité qui me paraît être absolument nécessaire, nous avons à démarquer et à confondre entre eux ces modèles, et, si nous devons en faire sentir et apprécier toutes les qualités techniques, nous devons aussi en dissimuler la source afin de rétablir une liberté d'esprit que nous ne connaissons plus.

Il y a là un grand sujet d'études, et la nécessité d'établir un manuel d'art, un répertoire de dessin, non plus pour les élèves, mais pour les professeurs.

Est-il besoin d'ajouter, après ces remar-
ques essentielles, que l'histoire des arts,
l'archéologie, les styles, etc., etc., tout ce
qui peut être classé sous la rubrique « bi-
belot », doit être écarté sans hésitation
des classes d'un dessin pratique ? Il faut
laisser ces études aux artistes et aux amateurs parvenus à la maturité d'un talent,
au goût de l'érudition. N'offrent-elles pas,
d'ailleurs, une certaine analogie avec les
occupations littéraires qui paraissent être
du domaine naturel des officiers retraités ?

LES

# TRAVAUX DES MANUFACTURES

Parallèlement à l'enseignement *direct* du dessin, donné par l'État à tous les degrés, depuis l'École primaire jusqu'à l'École des beaux-arts, l'État poursuit aussi, à l'aide de ses manufactures nationales de tapisseries et de poteries, un enseignement *indirect* des applications des Arts.

Cet enseignement n'est pas limité à des catégories choisies d'artistes et d'artisans, il est offert à tout le pays.

Les manufactures nationales sont des

écoles de *goût*, — le sens des arts, — et ne sauraient avoir d'autres significations, au point de vue de l'enseignement. Leur utilité est là, et non dans les tendances *inventives, économiques* et d'*apprentissage* qu'on leur suppose. *C'est là que doivent être réalisées les choses, — ce n'est pas là que l'on doit aller les apprendre.* Nous allons voir par un rapide examen, tout à l'heure, comment cette fonction des manufactures est tombée en décadence, et comment, à l'heure où j'écris, elle est comprise à rebours.

# I

Faut-il dire que je sais les distinctions
à faire entre les manufactures de tapisserie et la manufacture de céramique, mais
que, systématiquement, je sortirai peu des
généralités, le but de ces établissements
étant le même sous des formes diverses,
et aussi les réclamations que depuis long-
temps elles provoquent venant plus ou
moins des mêmes causes.

Néanmoins, les questions d'enseigne
ment mises momentanément à part, et les
manufactures nationales considérées au
point de vue technique, il importe de noter

une différence essentielle. Alors que les manufactures de tapisserie pourraient modi-
fier facilement leur production et répondre
aux tendances actuelles d'activité industrielle par des modifications peu profondes,
il n'en va pas de même de la manufacture
de céramique.

Le problème qu'on lui demande de résoudre, L'a-t-elle seulement entrevu?

Le problème, il réside tout entier dans
la sympathie ou l'antipathie de contact entre
la matière de fond et le décor. De leur sympathie résulte une telle fusion, une liaison
tellement intime, qu'il faut reconnaître
que la matière de fond a plus de part à la
qualité du décor que l'art même de ce décor. Au contraire, en cas d'antipathie, la
matière est rebelle et reste étrangère à
l'art dont on veut la revêtir.

Mais il faut ici établir sommairement le
bilan céramique de la manufacture pen-

dant ce siècle. En même temps qu'un bref résumé historique, ce sera la meilleure des démonstrations techniques, celle qui portera sur la double nécessité de l'action de la main de l'homme sur la forme de l'objet et de l'action du feu sur le décor.

Vers le commencement du siècle, la céramique décorable de notre pays était restreinte à deux matières : la faïence stanifère (Rouen, Nevers, Marseille...) et la porcelaine tendre (Sèvres, Chantilly, Lille...). La terre de pipe déjà apparue est négligeable. De même le grès et la terre cuite, seulement employés pour de grossières poteries.

Comme mémoire, rappelons la porcelaine dure de Saxe, mise en circulation vers 1710. Cette porcelaine, dans sa période du XVIII$^e$ siècle, doit être placée, avec la porcelaine tendre de Sèvres, parmi les plus belles matières céramiques connues.

En cet état de choses, Brongniart continua les essais de porcelaine dure commencés un peu avant son entrée à la manufacture de Sèvres (1800). Il remplit pleinement son programme : sa porcelaine, d'une dureté sans égale, est inrayable, d'une fabrication régulière; le blanc, très pur, d'aspect un peu froid, est d'une grande beauté. Mais Brongniart, savant chimiste, minéralogiste et physicien éminent, administrateur intègre, n'était ni potier ni artiste. Le *goût*, ce sens indéfinissable, lui manquait. En poursuivant uniquement l'étude de la porcelaine au point de vue utile, il a méconnu le principe fondamental de toute décoration céramique : *l'affinité absolue entre l'émail recouvrant le corps des pièces et les matières colorantes du décor*.

Sans cette affinité, non seulement la décoration dénature la pièce qu'elle prétend orner, mais encore sa valeur d'art propre est considérablement diminuée par son désaccord avec l'émail modifié de surface. Ce qui confirme le principe indiqué ci-dessus : la valeur d'art d'une décoration céramique est *indifférente en elle-même*, le décor ne prenant une valeur réelle que par la façon dont les émaux de couverte s'en emparent et en développent l'expression. « Le feu fait fleurir la couleur, » disent les potiers. J'appuie encore cette idée en appelant l'attention sur des poteries européennes et orientales, d'une énumération inutile pour l'instant. Le dessin, sans valeur propre si on le sépare des pièces décorées, prend tout à coup l'importance d'une artistique combinaison, savamment réfléchie, s'il est favorablement reçu par la matière. Cette action de la matière sur le décor est particulière à la céramique.

En créant sa porcelaine, Brongniart n'a pas songé à la façon dont elle recevrait le décor, ou plutôt il s'est contenté d'une adhérence superficielle, d'une juxtaposition sans mélange, sans intimité avec le dessous.

Mais l'erreur du savant chimiste devait être complète : même avant d'avoir définitivement établi la fabrication de la porcelaine dure, de son autoritée privée il supprima la fabrication de la porcelaine tendre! Pour rendre cet arrêt définitif, la réserve de pâte fut jetée et dispersée dans le quinconce de Sèvres!

Faut-il voir dans cet acte la crainte d'une concurrence, d'une comparaison? Je ne le crois pas. On ne peut y voir que l'inconscience du savant chimiste en matière d'art. Pleinement satisfait de la beauté de la porcelaine créée, il n'a pas vu ou, pour dire plus justement, il a regardé comme sans im-

portance les aspects différents pris par la
décoration sur les deux porcelaines : l'émail
de la pâte tendre s'appropriant complètement les matières colorées, lorsque l'émail
de la pâte dure semble les tenir constamment à distance. Il faut ajouter aussi qu'à
cette époque personne ne s'occupait de céramique. Il n'eut donc et ne put avoir ni
hésitation ni regret.

La beauté du blanc de la porcelaine
dure, son incontestable supériorité d'u-
sage, la manipulation relativement facile
de sa pâte, permettant d'aborder la fabrication des grandes pièces, paraissaient,
du reste, compenser avec avantage le plus
ou moins d'affinité entre le décor et la
matière.

Il ne faut pas chercher ailleurs la principale cause, tout artistique, seule sensible
aux amateurs de céramique, — les autres
raisons étant d'ordre administratif, — de

la croissante défaveur jetée sur la manufacture.

Avec l'émail de la porcelaine dure, aucune liberté, ni improvisation, ni verve, n'est permise. Par contre, elle exige une minutie de travail, un soin et jusqu'à des pratiques mécaniques qui ne profitent pas à l'œuvre d'art, mais qui sont indispensables pour dissimuler les résistances de cette manière réfractaire, parfaite lorsqu'elle reste blanche.

Des générations successives de décorateurs ont dépensé un travail énorme, souvent beaucoup de talent, pour n'aboutir qu'à tourner la difficulté, à pallier la défectuosité du décor de la porcelaine dure. Car il faut le répéter : *la matière céramique exalte la qualité d'art du décor, ou bien elle atténue et supprime cette qualité jusqu'à rendre revêche à la vue une œuvre ingénieuse et de bonne exécution sur la toile ou le papier.*

Commence-t-on maintenant à apercevoir le mal d'incompréhension et de routine qui est celui de la manufacture de Sèvres?

II

Les recherches relatives aux matières
nouvelles, aux procédés nouveaux, doivent
assurément faire partie du programme des
manufactures nationales, les matières, les
procédés étant par eux-mêmes des œuvres
d'art, ou tout au moins des parties d'œuvres
d'art. Mais cette question n'est pas principale et se présente sous deux faces.

A l'obligation de l'étude des nouveautés
industrielles, il est en effet indispensable
de joindre la conservation des anciens
procédés, des vieilles matières. En voici la
raison.

Par le fait des éléments nouveaux de fabrication, et par le fait des modifications profondes apportées à l'industrie par la mécanique et la chimie, la main humaine, l'instrument d'art par excellence, est tous les jours de plus en plus éliminée, proscrite du travail d'art industriel. Le travail à la main présente pourtant le grand intérêt. Par lui se révèle la connaissance intime des délicatesses réelles des travaux d'art : je dis *réelles*, ne voulant pas laisser supposer que j'entends seulement par délicatesse les travaux de la minutie. Des travaux de grande liberté d'allure, souvent même d'apparence négligée, peuvent être et sont plus délicats que les travaux n'ayant pour eux que la patience. Oui, celui qui sait exécuter par ses mains sera toujours le guide le plus certain pour diriger les applications nouvelles de la mécanique et de la chimie, pour leur donner l'art qu'elles comportent. Il est donc tout aussi urgent de conserver les vieilles manufactures que d'en imaginer de nouvelles. Seules, les manufactures nationales, conservatrices de traditions et ouvertes aux progrès de chaque jour, peuvent admettre impartialement les deux pratiques dans leur fabrication.

Mais, isolées ou réunies dans les travaux des manufactures, ni la conservation ni l'innovation ne sauraient être considérées comme des buts. Ce sont des moyens concourant tous deux aux recherches de la supériorité des matières, à la perfection de la main-d'œuvre. Ce sont des moyens nécessaires pour maintenir et constamment élever la conception des Arts appliqués industriellement. Tel est le but réel.

Quant aux tendances économiques, je n'ai qu'un mot à en dire : les manufactures nationales doivent y rester complètement étrangères, la nature de leurs travaux ne pouvant servir à établir ni prix de revient ni bénéfice. L'État ne vise qu'à établir une sorte d'étiage de perfection dans la production industrielle. C'est à l'industrie privée, de sa nature essentiellement inventive et économique, à tirer parti de cette science acquise, de cet art réalisé, en imaginant les procédés les plus simples de fabrication et en calculant rigoureusement l'économie de ses produits d'après les besoins divers auxquels ces produits correspondent.

III

Pour l'apprentissage dans les manufactures de l'État, il est condamné par ce seul fait que ces manufactures sont moralement obligées de conserver à leur service, — par suite de la tournure d'esprit qu'elles leur inculquent, — tous les élèves, bons ou mauvais, qu'elles ont formés après les avoir attirés dans leurs ateliers par l'appât d'une rétribution régulière.

Pourtant, le programme toujours proclamé était de répartir ces élèves dans l'industrie privée. Il s'agissait surtout d'ai-

der aux perfectionnements de cette industrie privée en lui préparant une élite d'artistes et d'artisans formés par des travaux
supérieurs. La promesse s'étendait également aux bénéfices matériels des élèves,
car, en les rétribuant pour les attirer dans
les ateliers, on leur promettait, et on an-
nonçait à tous,—administration des beaux-
arts, artistes, amateurs, public, — une
instruction faisant des rénovateurs d'industrie. Au lieu de cela, à quel spectacle
assistons-nous aujourd'hui? Ces élèves, il
faut les garder, et imaginer des travaux
pour les *fonctions d'élèves* qu'on a créées,
car leur instruction, malgré le milieu,
malgré quelques pratiques locales perpé-
tuées, ne présente aucune spécialité sûre-
ment applicable ni désirée au dehors. Le
même phénomène que je constatais dans
les écoles de la Ville de Paris réapparaît
ici sous une autre forme. C'est l'école et

l'atelier, dit-on, et il se trouve que ce n'est ni l'un ni l'autre.

Il faut le dire résolument : les manufactures nationales des applications d'art sont de mauvais centres d'apprentissage, leurs tendances, leurs travaux, étant dirigés non pas vers la formation, mais vers le perfectionnement de ceux qui viennent à elles. La mise en œuvre d'un apprenti, quelle que soit la voie modeste ou ambitieuse choisie, doit tout d'abord lui apprendre le *travail*, — j'entends l'habitude, l'habileté, l'initiative du travail, vertus qui ne s'acquièrent que par la stricte nécessité de travailler pour vivre. La bonne école pour recevoir cette première trempe est l'industrie privée.

L'apprentissage des métiers ne peut se faire que là, dans les ateliers de l'industrie privée. Simultanément, grâce à des programmes rigoureusement étudiés et débarrassés des matières nuisibles, les écoles donneront l'instruction du dessin. Et les applications d'art seront démontrées dans les manufactures nationales.

Mais celles-ci ne peuvent avoir d'action que sur des connaissances positivement acquises au préalable. En vérité, elles ne peuvent former maintenant à leur maigre brochette que des fonctionnaires, des critiques d'art, des dilettantes, et non des artistes ou des artisans en passe de devenir artistes.

IV


La mission des manufactures nationales ainsi débarrassée des idées équivoques de l'invention quand même, de l'économie où elles n'ont rien à voir, de l'apprentissage élémentaire des arts et des métiers, — idées qui encombrent sans apporter aucun secours, — cette mission étant en outre définie par l'*utilité* d'activer et d'alimenter le sens du *goût* sous ses deux aspects, — art et industrie, — les manufactures pourraient-elles actuellement justifier de leur utilité?

Non.

Cette négation forcée résulte pour une partie du vice d'une organisation basée sur l'inamovibilité des fonctions à tous les degrés.

Aux travaux d'art, à la fabrication, à l'administration, tous, depuis le directeur jusqu'au dernier homme de peine, tous INAMOVIBLES !

Les cas d'hérédité même ne sont pas rares. C'est d'une belle tradition monarchique.

Évidemment l'inamovibilité des fonctions doit être différemment considérée, selon qu'il s'agit des services administratifs ou des travaux d'art, ces travaux portant à eux seuls toute la responsabilité de la manière d'être des manufactures. Les erreurs de science font partie des recherches de laboratoire et sont toujours défendables, mais les erreurs d'art *venant de la science* peuvent compromettre et ont compromis l'existence des institutions qui nous occupent. Je dois transcrire à nouveau ici quelques-unes de ces erreurs scientifiques examinées dans un précédent chapitre. Ce sont pour la céramique : 1° la suppression de la porcelaine tendre; 2° la recherche unique de la dureté à donner à la porcelaine dure, et cela sans préoccupation, sans prévision des moyens, des matières devant concourir à décorer cette porcelaine. Un simple placage, sans intime liaison, sans concordance de matière, comme un collage de pain à cacheter, suffit à un savant pour la décoration céramique. Faute de goût, qui depuis près d'un siècle fait errer la fabrication.

Relativement à la tapisserie, l'erreur scientifique, quoique grande, est moins profonde : elle se rapporte au contraste simultané des couleurs. C'est l'application d'un principe juste faussé par exagération. M. Chevreul, méconnaissant l'exécution, et on peut même dire le modelé des œuvres ornementales, a voulu appliquer immédiatement à la tapisserie sa découverte de la loi naturelle du contraste des couleurs. Chaque point de tapisserie portant avec lui tous les éléments du contraste, il en résulte pour la vue l'effet de la tournette des physiciens : une confusion et non une exaltation de la coloration. — Je ne peux qu'indiquer ici cette idée qui demanderait de très longs développements.

Cette observation ne s'adresse du reste qu'à la manufacture des Gobelins, là où Chevreul a pu avoir une action, et non à la manufacture de Beauvais.

Donc, s'il est indifférent de conserver pendant trente ans des comptables et des expéditionnaires, même médiocres, une aptitude moyenne, l'honnêteté, l'exactitude suffisant amplement pour assurer l'administration d'une fabrique quelconque, il n'en va pas de même pour tout ce qui concerne les travaux de science et d'art.

Ici, l'inamovibilité paralyse toute initiative.

Elle place tout d'abord la direction, quels que soient ses facultés et ses projets, dans l'étroite obligation d'employer avant tout autre le personnel éternel des manufactures. Personnel éternel, car les remplacements ont lieu par vacations de fonctions, et toutes les fonctions datent de la fondation des manufactures. Aussi, à toute demande de changement de genre, à toute tentative d'évolution, chacun des membres du personnel éternel répond-il dès le lendemain de sa nomination, — non pas par des paroles, mais par des faits : « Pendant trente ans, j'ai le devoir et le droit, reconnus, d'exprimer le genre de ma fonction. Ce genre a plu dans le passé par mes devanciers. En le continuant, je m'efforce à plaire dans le présent. Et il devra plaire dans l'avenir par mes successeurs. Laissez-moi tranquille avec vos innovations ! »

Faut-il maintenant citer, parmi les entraves aux travaux des manufactures, l'antagonisme entre les chefs de services, antagonisme qui résulte de l'égalité de leurs droits et de l'irresponsabilité de leurs fonctions, toutes séparées les unes des autres? Sur un tel sujet, il faudrait écrire un volume de récits, gais et tristes. Il suffit, cette fois, que l'attention soit éveillée sur cet ordre de choses.

## V

En commençant cette étude, j'avais cru tout d'abord pouvoir limiter mon examen au fonctionnement des manufactures. J'aurais voulu pouvoir attribuer à leur organisation défectueuse la raison principale de leur déchéance actuelle.

S'il en avait été ainsi, le mal serait immédiatement réparable.

Mais une cause d'un ordre plus général, plus élevé et plus lointain, un vice dont souffrent, non seulement les manufactures entretenues par l'État, mais toutes les catégories de l'industrie nationale, a dû être reconnu, et doit être surtout signalé, car c'est lui qui appelle le remède le plus rapidement efficace.

Ce vice, là comme partout, est né des méthodes et des programmes suivis par l'enseignement du dessin, qui entraîne toutes les aspirations, toutes les tendances, toutes les applications des arts vers l'unique conception propre à l'exécution d'un tableau ou d'une statue. Atroce qualité, extraordinairement répandue, et extraordinairement malfaisante! Par elle dévient toutes les forces artistiques que nous possédons, et qui sont nombreuses; par elle, toutes ces forces sont concentrées sur une même idée, sur un même objet.

Pour se réduire à la simple expression du langage technique, il faut dire : La même façon de copier la nature, servie par la même exécution, *par le même modelé*, est enseignée pour toutes les œuvres d'art, si minimes ou si considérables qu'on puisse les supposer. La seule différence qui devrait exister entre elles, l'application judicieuse, et par conséquent artiste, du dessin, selon les destinations propres à toute chose, cette différence n'existe pas. On se borne à vérifier la qualité intrinsèque de ce modelé, non seulement uniforme, mais dans bien des cas nuisible.

Certes, la perfection du modelé qualifie, ennoblit toutes les formes de l'art. Il est la beauté, le caractère, le style, et même la couleur, de toutes les œuvres. Mais la question n'est pas là. Elle est dans l'obligation stricte où doit être placé l'enseignement du dessin de discerner, de mesurer ou de supprimer, de graduer, en un mot, l'instruction du modelé, selon les besoins spéciaux que le dessin doit satisfaire. Alors, des formes étrangères à l'objet ne seront pas ajoutées à l'objet, mais les formes et les modelés seront en relation étroite avec la destination. Croirait-on avoir produit un candélabre parce qu'on aurait fait un trou dans la tête d'une statue et qu'on aurait planté une bougie en ce trou? C'est pourtant le symbole de l'art industriel d'aujourd'hui.

Cet entraînement général dans la voie que je n'hésite pas à dénoncer comme dangereuse, est particulièrement cultivé et développé par les manufactures nationales. En effet, que nous montrent leurs produits : de véritables tableaux, de véritables statues, ou des œuvres exécutées avec le modelé propre aux tableaux, aux statues. Lorsque l'ornement, cet élément constitutif des arts, est introduit dans une œuvre, jamais il n'est principal, il sert de cadre, et lamentable ! Toujours il est marqué d'un nom, d'un chiffre du passé !

# RÉSUMÉ


I. — Les manufactures nationales des
applications d'art ornemental doivent être
conservées, leur utilité, anciennement re-
connue, étant aujourd'hui plus immédiatement nécessaire qu'au moment de leur
fondation.

Mais, tout en reconnaissant cette utilité,
je pense que l'organisation actuelle des
manufactures et le programme de leurs
travaux exigent une transformation tellement profonde que la liquidation du passé

6

doit précéder toute tentative de réorgani-
sation.

II. — L'art, et non la science, doit diriger les manufactures d'art.

L'art supporte les responsabilités devant
le public. Son action doit donc comprendre
l'enseignement de toutes ses applications,
et non pas un enseignement pour des apprentis, mais pour des artistes, pour des
artisans accomplis. C'est à l'art de trouver
les formes, les formules, les adaptations,
les procédés d'emploi. C'est à lui de choisir
les matières d'art. En un mot, c'est à lui
de formuler les besoins que doit satisfaire
la science.

C'est, en réalité, une collaboration naturelle et inévitable. L'Art demande, choisit
et met en œuvre les matières que lui four-
nit la Science. C'est à lui d'en régler les
applications. C'est à elle de diriger la partie

de fabrication fondamentale, de surveiller toutes les manipulations ouvrières, d'assurer la réussite des produits. Certaines fabrications, — de fantaisie, cette désignation commerciale est bonne à conserver, — pourraient donner lieu à des services spéciaux, fixes ou temporaires.

De plus, à ce côté pratique de sa mission, la science doit en ajouter un autre, celui-ci théorique, parfois tâtonnant, et comprenant les recherches de laboratoire dont l'échéance pratique ne saurait être déterminée.

III. — Le rôle de l'Administration intérieure des manufactures d'art est parallèle, et secondaire, auprès des services d'art et de science. Il n'entre en rien dans les applications spéciales à ces manufactures. Il est donc inutile de le définir.

IV. — La manufacture de céramique doit appliquer l'art ornemental à toutes les matières de la poterie — grès, porcelaines, faïences, émaux, vitraux.

Elle doit en outre comprendre dans son action la ciselure et le montage des pièces. Ces deux spécialités, étant les auxiliaires indispensables de la céramique, doivent être maintenues dans des tendances d'applications supérieures.

V. — De même, les manufactures de tapisseries, devant appliquer les arts à tout ce qui concerne l'ameublement, comprendront dans leur action :

Le montage des tapisseries (sculpture sur bois),

L'impression sur étoffes.

VI. — Le personnel d'art des manufactures doit être composé de deux éléments très distincts, — un personnel fixe, un personnel variable.

Le personnel fixe serait strictement limité à la conservation de la pratique et de la technique des procédés, des matières spéciales.

Le personnel variable serait augmenté ou réduit selon les exigences des diverses applications, et ne pourrait donner lieu qu'à des conventions passagères pour un objet déterminé.

Ce personnel variable comprendrait en outre l'entrée annuelle d'artistes et d'artisans admis dans les manufactures par voie de concours et n'y demeurant attachés que pendant un temps limité, — trois ans, par exemple. Ce serait une sorte de « Prix de Rome » à l'intérieur, ayant le but, pour les artistes, de transformer leurs études d'art en applications industrielles, et, pour les artisans, de perfectionner leur

habileté acquise par un travail d'art supérieur.

VII. — Les manufactures nationales
d'art restant en communication constante
avec les arts et les industries extérieurs par
les commandes aux artistes du dehors et
le concours ouvert aux artistes de toutes
les écoles, l'Administration supérieure des
beaux-arts doit complètement s'interdire
l'envoi arbitraire d'artistes ou d'artisans,
qui viennent inopinément, non seulement
changer et déranger tel ou tel service, mais
encore imposer à la production des manufactures des incompétences irréductibles
du fait même de leur nomination.

VIII. — Le mouvement du budget des
manufactures peut être modifié. Elles devraient bénéficier de leurs travaux dans
une certaine mesure. Je ne dis pas qu'elles

devraient se suffire à elles-mêmes, car le principe de leur fondation leur retire également les préoccupations de bénéfice et de déficit. Mais il serait profitable pour tous qu'elles pussent s'alimenter en partie par leurs travaux et mesurer le succès des applications par les demandes du public.

IX. — A des périodes les plus rapprochées possibles, et déterminées d'avance, les manufactures doivent être soumises à l'obligation d'exposer leurs travaux.

Paris.—Typ.Chamerot et Renouard, 19, rue des Saints-Pères — 27727

9 782329 418377